Made in the USA
Middletown, DE
10 June 2023

32329329R00057